再発見！くらしのなかの伝統文化 ③
住まいと日本人
監修：市川寛明

天井をささえる「はり」。

紙でできた障子から光をとりこんでいる和室。

伝統的な漁師の家、舟屋。

土を焼いてつくった瓦をしきつめた屋根。

間仕切りを開けはなってとなりの部屋とつなげられる和室。

イグサでつくられた畳と、座ぶとん。

庭にそのまま出ることもできる大きな窓。

庭に植えられたマツの木。

たてにわった竹をつかった垣根。

しっくいでぬりかためた壁。

外に向かって開放的につくられている縁側。

伝統的な家の外観。木や土でつくられているのが特徴。

庭から風が吹きこむ、開放的なつくりの屋内。

紙をはってつくられる引き戸の一種、ふすま。

食卓としてつかわれるちゃぶ台。

さまざまなものをしまう、茶だんす。

綿をつめてすわり心地をよくした座ぶとん。

雪にそなえ、角度の急なかやぶき屋根をもつ、合掌造の家。

はじめに

　私たちが生きている日本には、世界各国の人びとや物資、あるいはぼう大な量の情報がさかんに行き来しています。現代はまさに国際化の時代なのです。インターネットに代表される情報技術の発達によって、私たちは最新の情報ばかりを追いかけ、昔からの伝統を古くさいものとして捨て去ってしまいがちです。しかし国際化の時代を生きる人びとにこそ、伝統文化を正しく理解することが求められています。

　この「住まいと日本人」の巻では、人びとの生活の中心にある家屋とその周辺の特徴を、日本人がつくってきた文化や心の営みとともに紹介しています。畳や障子、瓦屋根や床の間などは、日本の気候や風土が長い年月をかけて生み出してきた伝統的な文化の産物です。こうした伝統文化のひとつひとつの姿を注意深くみると、祖先の生み出してきた知恵とくふうの数かずが今でも息づいていることに気づくでしょう。この本を読んで、日本の伝統文化の魅力を再発見するとともに、身近なところにある伝統文化を未来に引き継いでいって欲しいと願ってやみません。

江戸東京博物館学芸員
市川 寛明

この本のつかい方

この本では、日本の住まいについて、今も残る伝統的な文化と、そのなりたちを紹介しています。それぞれのページごとにテーマ（再発見!のポイント）があり、西洋の文化や現在多く用いられているものとくらべられるようになっています。

再発見!のポイント
そのページでとりあげているテーマ。そのページでは、このテーマを中心に、日本の文化を解説しています。

伝統から生まれたことば
今でもつかわれていることばで、日本の伝統的な文化がもとになっていることばを紹介しています。

再発見!のポイント　家の構造1

木を組みあわせた家

日本の伝統的な家は、木を組みあげた骨組みでささえられています。日本の家の、構造の特徴を見てみましょう。

柱でささえる伝統的な家

日本の伝統的な家のつくりの大きな特徴は、木材を組み上げて「骨組みで家全体をささえる」という点です。

このつくり方では、まず柱を立てたあと、横に「はり」とよばれる木材をわたして骨組みをつくります。そして、壁になる部分には、「貫」とよばれる木材を、穴を開けた柱に横向きに通して強度を高めます。このつくり方は、地震によるゆれを吸収するはたらき（→17ページ）があるため、地震の多い日本で長く受けつがれてきました。

現代の木造の家の多くは、こうした伝統的なつくりをより簡単にしたつくり方でつくられています。下の図のように、柱と柱の間に「すじかい」とよばれる木材をななめに固定して、壁がゆがむのをふせぎ、家の重さの一部を壁でささえるしくみです。

現代の木造の家の骨組み

- **すじかい**: 柱を補強するため、柱の間にななめにわたされる木材。最近の木造の家では、貫のかわりにこのすじかいがつかわれている。
- **足固め**: 柱を補強するために、柱の下の部分に横にわたされる木材。

伝統的な家の骨組み

- **桁**: 家の長い辺と平行な向きに、水平にわたされる木材。
- **垂木**: 屋根にななめにわたされる木材。
- **はり**: 家の短い辺と平行な向き（桁と直角な向き）に、水平にわたされる木材。
- **柱**: 垂直に立てられる木材。
- **貫**: 柱と柱の間に取りつけられ、柱を補強するとともに、壁の下地になる木材。

木材どうしをつないで組みあげる

伝統的な家づくりでは、木材を組みあげるときに、くぎやねじにたよらず、かみあう部分を複雑な形にけずり、ジグソーパズルのピースをはめるようにかみあわせて、木材どうしをつなぎます。そのための加工方法には、木材をたてに継ぎたすときにつかわれる「継ぎ手」と、木材を直角につなぎあわせるときにつかわれる「仕口」があります。

複雑な形は職人の手作業でつくられ、いかに正確に仕上げることができるかが、職人のうでの見せ所でもあります。

さまざまな継ぎ手と仕口

- **あり継ぎ**: 先端が太くなった出っぱりとへこみを組み合わせる継ぎ手。

- **かま継ぎ**: おうぎ形の出っぱりとへこみで組み合わせる継ぎ手。
- **相欠き**: 木材の半分ずつをけずりとって直角に組み合わせる仕口。

- **上端留め**: 一方の穴（ほぞ）に出っぱりを差しこみ、くさびで補強して木材をL字型に組み合わせる仕口。

伝統から生まれたことば　**大黒柱**

「チームの大黒柱」のように、集団のなかで欠かすことのできない人物を大黒柱と表現する。大黒柱とは、家の中心にある柱のこと。家の中央にあるもっとも太い柱は、家の格をあらわすものとして大切とされ、大黒様という神様にちなんで、「大黒柱」とよばれた。ここから、組織や家族などをささえる重要な人物をさすときにもつかわれるようになった。

くらべてみよう!　西洋の家のつくり

西洋の伝統的な家には、石やれんがを積みあげてじょうぶな壁をつくり、柱ではなく壁で全体をささえるつくりのものが多くあります。木材が手に入りにくい地域でさかんにつくられるようになり、火に強いこと、がんじょうな壁から敵から家を守ることができることなどから、ヨーロッパの広い地域に広まっています。

ただし、このようなつくりの家は、地震がおきるとたおれたりくずれたりしやすいという欠点があります。そのため、地震の多い日本にはあまり向きません。

ぶあつい石の壁でつくられた、西洋の家。

くらべるヒント!　ふすまや障子とちがって、ドアはとり外しができない。（→38ページ）

地窓と高窓

地窓と高窓のある和室

伝統的な家の部屋に、「地窓」や「高窓」という小さな窓がつけられていることがあります。

地窓は部屋の床近くに、高窓は天井近くにあります。これも、風の通り道をつくるしくみです。夏の風は、低いところから高いところに向かって移動するため、風が地窓から入り、高窓からぬけていきます。窓を大きく開けなくても、部屋のなか全体を風が通りぬけることで、すずしくなるのです。

くらべるヒント!
ページによっては、そのページのテーマを西洋の文化などとくらべるためのヒントを、短いことばでのせています。

おもしろコラム
ページの内容に関係があるおもしろい豆知識を、コラムで紹介しています。

くらべてみよう! コラム
ページのポイントに関連して、日本の伝統的な文化と似たような役割をする西洋や現代の文化をとりあげ、くらべるコラムです。

もくじ

再発見! くらしのなかの伝統文化 ③

はじめに　4

この本のつかい方　5

1章　日本の家のつくり

伝統的な住まい………8

木と土でつくる日本の家………10

くらべてみよう!
世界のいろいろな素材の家………12

木を組みあわせた家………14

火事や地震に対する家のくふう………16

雨の多い気候にたえる屋根………18

夏を基準につくられる家………20

内と外をゆるやかに区切る………24

自然をとり入れる………26

気候や風土がつくる家………28

2章　家のなかのくふう

日本の家の間取り………30
玄関ははきものを脱ぐところ………32
直接すわれる畳の床………34
つかわないものはしまっておく…36
ゆるやかな間仕切り………38
来客をもてなす座敷………40
きれい好きな日本人………42

3章　家のなかの道具

家具と日本の住まい………44
眠るためのふとん………46
和室で洋風のくらしを………48
体をあたためる道具………50
ものをしまう家具………52

さくいん　54

1章 日本の家のつくり

再発見！のポイント　家の各部分

伝統的な住まい

日本の伝統的な家には、日本の気候や風土に合わせたくふうや、日本人の価値観をあらわした特徴があります。

開かれたつくりの家

日本の伝統的な家のもっとも大きな特徴は、「風を通しやすいこと」です。日本の気候には、雨が多く、1年を通して湿度が高いという特徴があります。また、春夏秋冬という四季がはっきりしていて、夏にはとても暑く、冬には寒くなります。

冬には服を着こむなどして寒さを乗り切ることができますが、夏に快適にすごすのは難しいことでした。そのため、日本の伝統的な家はおもに夏にすずしくすごせることに重点を置いてつくられてきました（→20ページ）。

また、日本では、部屋どうしを壁で仕切るのではなく、ふすまや障子などの仕切りでゆるやかに仕切るつくりが発達してきました。このようなつくりの家では、仕切りをとり外すと広い空間が生まれ、人びとが集まってさまざまな行事をおこなうこともできたのです（→30ページ）。

壁（→11ページ）
家は柱でささえるため、壁をがんじょうな石などでつくる必要がなく、土や木の板などでできていることが多い。

縁側（→24ページ）
家の中から外に向かって張りだした空間。日当たりがよく、明るい南側につくることが多い。家の外と家の中をゆるやかにつなぐ中間的な場所。

骨組み（→14ページ）
木でできた柱を中心とした骨組み。日本の家は、おもに壁でささえる西洋の家とことなり、柱でささえるしくみになっている。

屋根（→18ページ）
日本の伝統的な家では、土を固め、焼いてつくった「瓦」を規則正しくしきつめた「瓦屋根」の家が多い。瓦は水を通さず、火にも強い。

窓（→22ページ）
ガラスがなかった時代には効率よく光をとり入れるために和紙をはった障子がつかわれていた。現在でも、障子はガラス窓とともに広くつかわれている。

庭・生け垣（→27ページ）
庭にはいろいろな植物を植えることで、四季の移り変わりを感じることができる。庭のまわりには、「生け垣」として、敷地の外と内を区切るための木を植える。

再発見!のポイント　家の素材

木と土でつくる日本の家

日本の家は、どのような素材でつくられているのでしょうか。住まいの素材から、日本の家の特徴を見ていきましょう。

木は身近な建築材料

　日本の伝統的な家のほとんどが、家の基本的な構造に木材をつかった「木の家」です。古くから、山から切り出した木材を家の材料としてつかってきました。

　日本はあたたかくて雨が多い気候のため植物が育ちやすく、国土の多くが森でおおわれています。また、日本の各地の村で、スギやヒノキなどを植えた「里山」をつくり、共同で管理することで、木材を安定して手に入れることができました。そうして日本では、木をつかって家をつくる文化が発展したのです。

大きな柱が目立つ家の中。日本の家には、柱や天井をささえる「はり」（→14ページ）とよばれる部分、床など、いたる所に木材が使用されている。

木が湿度を保つしくみ

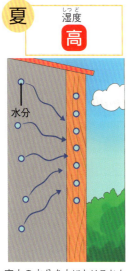

室内の水分を中にとりこむため、湿度が下がる。

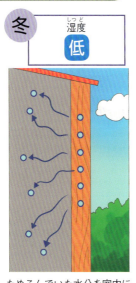

ためこんでいた水分を室内に出すため、湿度が上がる。

木が快適な環境をつくる

　木でできた家には、日本の環境で快適にくらせる特徴があります。日本では、1年のなかで気温や降水量が大きく変わります。たとえば太平洋側の地域では、夏に気温と湿度が高く、冬には気温も湿度も低くなります。とくに日本の夏は、ヨーロッパなどとくらべて、じめじめしていて蒸し暑いのが特徴です。

　木には、まわりの湿度が高いときには水分を中にとりこみ、まわりの湿度が低いときには、とりこんだ水分を外に出す性質（調湿効果）があります。湿度が高いと暑く、湿度が低いと寒く感じるため、木の調湿効果によって、夏や冬のきびしい環境をいくらかやわらげることができるのです。

土をぬりかさねてつくる壁

　日本の家の壁は、木でつくった骨組みの上に、土をぬりかためてつくるのが一般的です。日本の家は、柱や「はり」で建物をささえるつくりになっているため（→14ページ）、壁には大きな力がかからず、がんじょうな石やれんがで壁をつくる必要がないのです。さらに土の壁には、木と同じように、湿度を調節する性質もあります。

　土でぬりかためた壁の上から、「しっくい」をぬりかさねた「しっくい壁」も、日本の伝統的な家に多く見られます。しっくいは、「石灰石」を粉にして、水と接着剤代わりの海藻などをねり合わせたもので、雨に強いだけでなく、燃えにくく火事にも強いという特徴があり、すぐれた建築材料として現在でもつかわれています。

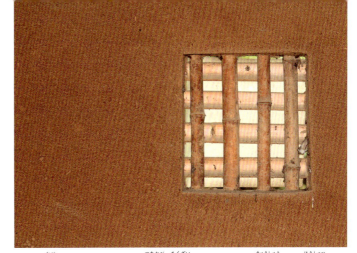
室内の壁としてつかわれている土壁。木材と同じく、水分を吸収したり放出したりして、室内の湿度を調節する効果がある。

建物の外壁としてつかわれているしっくい壁。まっ白で、見た目にも美しい。

しっくい壁のつくり

壁に、しっくいをぬりかさねているようす。

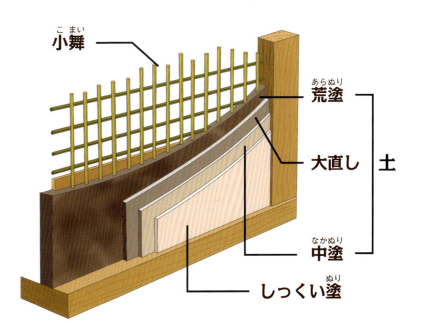
しっくいの壁は、木や竹でつくった骨組み（小舞）の上に何度も土をぬりかさね、最後にしっくいをぬって仕上げる。

くらべるヒント！　世界の家の素材は？（→12ページ）

世界のいろいろな素材の家

気候・風土に合わせた素材

　家をつくるには多くの材料が必要です。そのため、家は身近に手に入る材料でつくられます。日本ではおもに木造の家が発達し（→10ページ）、西洋などで石づくりの家が発達したのは、材料を豊富に手に入れることができたからです。

　また、これまで日本の例で見てきたように、その土地に特有の気候や風土のなかで、快適にすごすことを考えて、家の素材やつくりが発展してきています。

　さらに生活のしかたも家の素材に大きな影響をあたえます。モンゴルなどに住む遊牧民が、移動しながら生活するのに便利なように、布でできた軽くてシンプルな組み立て式の家に住んでいることはよく知られています。

● 石の家 ●

ヨーロッパ文明の発祥の地といわれるギリシャやイタリアなどの地中海沿岸地域は、乾燥していて木が育ちにくいことから、豊富にある石を積みかさねたつくりの家が発達した。石は、暑い昼は太陽の光や熱をさえぎる一方、気温の低い夜は蓄えた熱で家の中を適度な温度に保つはたらきがある。

壁
太陽の熱を吸収しすぎないように、石灰岩を積みかさねた上に、石灰岩からつくられたしっくいをぬって白くしている。

屋根
石灰岩を積みかさねてつくられている。

土の家

中東や北アフリカなど、雨が少なく乾燥した土地では、土を練って乾かした「日干しれんが」とよばれる材料で家をつくる。日干しれんがは、ゆっくりとあたたまり、ゆっくりと冷えるため、昼と夜の気温差が大きいこれらの地域でも快適にすごすことができる。

屋根
めったに雨がふらないため、平らな屋根をしている。

壁
日干しれんがを積み上げただけのシンプルなつくり。比較的簡単につくることができるが、積みあげただけなので地震には弱い。

出入り口
小さく、太陽の光や外の熱気をさえぎる。窓はほとんどない。

木と葉の家

東南アジアや太平洋の島じまなどでは、豊富に生えているヤシの葉をつかってつくられる家が多い。1年中気温が高いため、すずしくすごすことを重視して床は高い位置につくられ、壁も木や竹で風通しがよくなるようにつくられている。

屋根
豊富にあるヤシの葉をふいてつくられている。

壁
開いている部分が多く、風通しがよい。

高い床
床下に熱気がこもるのをふせぐほか、感染症の原因となる蚊などをふせぐはたらきもある。

再発見！のポイント　家の構造１

木を組みあわせた家

日本の伝統的な家は、木を組みあげた骨組みでささえられています。日本の家の、構造の特徴を見てみましょう。

柱でささえる伝統的な家

　日本の伝統的な家のつくりの大きな特徴は、木材を組み上げて「骨組みで家全体をささえる」という点です。

　このつくり方では、まず柱を立てたあと、横に「はり」とよばれる木材をわたして骨組みをつくります。そして、壁になる部分には、「貫」とよばれる木材を、穴を開けた柱に横向きに通して強度を高めます。このつくり方は、地震によるゆれを吸収するはたらき（→17ページ）があるため、地震の多い日本で長く受けつがれてきました。

　現代の木造の家の多くは、こうした伝統的なつくりをより簡単にしたつくり方でつくられています。下の図のように、柱と柱の間に「すじかい」とよばれる木材をななめに固定して、壁がゆがむのをふせぎ、家の重さの一部を壁でささえるしくみです。

伝統的な家の骨組み

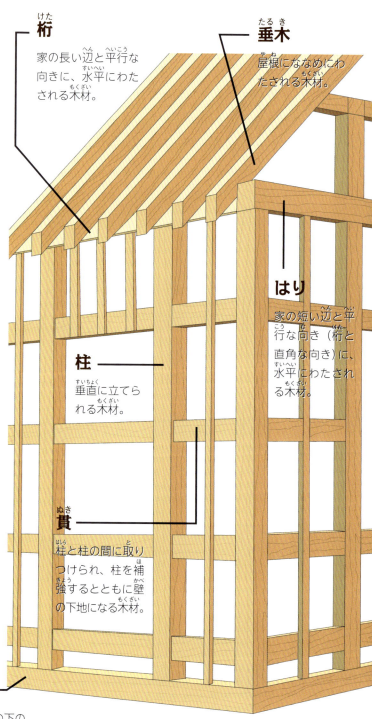

桁　家の長い辺と平行な向きに、水平にわたされる木材。

垂木　屋根にななめにわたされる木材。

はり　家の短い辺と平行な向き（桁と直角な向き）に、水平にわたされる木材。

柱　垂直に立てられる木材。

貫　柱と柱の間に取りつけられ、柱を補強するとともに壁の下地になる木材。

現代の木造の家の骨組み

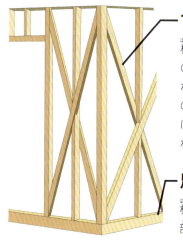

すじかい　柱を補強するため、柱の間にななめにわたされた木材。最近の木造の家では、貫のかわりにこのすじかいがつかわれている。

足固め　柱を補強するために、柱の下の部分に横にわたされる木材。

木材どうしをつないで組みあげる

伝統的な家づくりでは、木材を組みあげるときに、くぎやねじにたよらず、かみあう部分を複雑な形にけずり、ジグソーパズルのピースをはめるようにかみあわせて、木材どうしをつなぎます。そのための加工方法には、木材をたてに継ぎたすときにつかわれる「継ぎ手」と、木材を直角につなぎあわせるときにつかわれる「仕口」があります。

複雑な形は職人の手作業でつくられ、いかに正確に仕上げることができるかが、職人のうでの見せ所でもあります。

伝統から生まれたことば　大黒柱

「チームの大黒柱」のように、集団のなかで欠かすことのできない人物を大黒柱と表現する。大黒柱とは、家の中心にある柱のこと。家の中央にあるもっとも太い柱は、家の格をあらわすものとしてとくに大切とされ、大黒様という神様にちなんで、「大黒柱」とよばれた。ここから、組織や家族などをささえる重要な人物をさすときにもつかわれるようになった。

さまざまな継ぎ手と仕口

あり継ぎ
先端が太くなった出っぱりとへこみを組み合わせる継ぎ手。

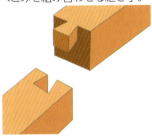

かま継ぎ
おうぎ形の出っぱりとへこみで組み合わせる継ぎ手。

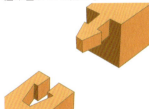

相欠き
木材の半分ずつをけずりとって直角に組み合わせる仕口。

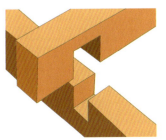

上端留め
一方の穴（ほぞ）に出っぱりを差しこみ、くさびで補強して木材をL字型に組み合わせる仕口。

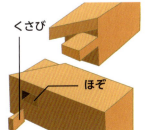

くらべてみよう！　西洋の家のつくり

西洋の伝統的な家には、石やれんがを積みあげてじょうぶな壁をつくり、柱ではなく壁で全体をささえるつくりのものが多くあります。木材が手に入りにくい地域でさかんにつくられるようになり、火に強いこと、がんじょうな壁で敵から家を守ることができることなどから、ヨーロッパの広い地域に広まっています。

ただし、このようなつくりの家は、地震がおきるとたおれたりくずれたりしやすいという欠点があります。そのため、地震の多い日本にはあまり向きません。

ぶあつい石の壁でつくられた、西洋の家。

再発見！のポイント　災害にそなえる

火事や地震に対する家のくふう

日本は地震が多く、火事にもなやまされつづけてきました。そのため、日本ではこれらの災害にたえるための家づくり、町づくりがおこなわれてきました。

日本の家は火事との戦い

　日本の伝統的な家は、石やれんがを用いた西洋の家とことなり、柱などの骨組みに木が多くつかわれています。木は燃えやすいため、昔から火事への対策は家づくりの大きな課題でした。

　100年ほど前までは、一般の人の家の多くは、壁や屋根も木やわらなどの燃えやすい素材でできており、とくに江戸（東京）などの都市部では、建物が集まっているため、大きな火事が何度もおこりました。かつての日本の都市は、まさに火事と戦う都市だったといえます。

江戸時代の火事のようすを描いた絵。

火事をふせぐ町のくふう

　日本の家によくつかわれている瓦や土の壁、しっくいなどの素材は、火に強いという性質をもっています。家が集まっている町では、これらの素材を木の骨組みと組みあわせることで、火事に強い家をつくるくふうがされてきました。

　また、火が広い範囲に燃え広がらないようにするための町づくりもおこなわれてきました。木の家がとなりあっていると、火はあっという間に燃え移ってしまいます。そこで町のなかに「火除地」とよばれる空き地をもうけたり、広小路とよばれる広い道を整備したりして、火事が一定の区画以上に燃え広がらないようにしたのです。こうした土地のあとは、今でも各地に残っています。

▲江戸時代に現在の東京都台東区につくられた広小路（当時は下谷広小路とよばれていた）周辺の地図。

◀現在の上野広小路。道幅が広くなっている。

地震にたえるくふう

　日本は、とても地震が多い国です。木はしなるため、もともと石やれんがにくらべると地震に強い素材ですが、寺社の建物などを中心にさらに地震に強くするために、さまざまなしくみをとり入れてきました。

　継ぎ手や仕口（→15ページ）で組まれた骨組みは、地震のときにはゆるやかに動くことでゆれを吸収します。また、土でできた壁は、ゆれによってくずれることもありますが、柱などにかかる力をにがし、建物が完全にたおれるのをふせいでくれます。こうした構造の建物は、地震でも形が変わらないのではなく、形が変わることでゆれを受け流して、つぶれたりたおれたりしにくいつくりになっています。

最新のタワーにもつかわれる「たおれない」しくみ

　ゆれを受け流すしくみは、お寺や神社の建築に多く見られます。その代表がお寺にある五重塔です。五重塔には心柱とよばれる太く大きな柱が中央に通っています。地震が起こると心柱がしなるようにゆれ、それに合わせて各階の屋根が別べつにゆれることで地震の力を分散させます。五重塔は、もっとも古いものでは1200年以上も前につくられたものもありますが、地震でたおれた例はほとんどありません。

　2011年に完成した高さ634mの東京スカイツリー®にも心柱があり、五重塔と同じように、地震の力を分散させるようになっています。

五重塔と東京スカイツリーの構造図

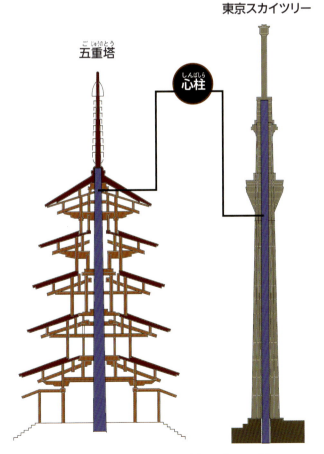

心柱は周囲と固定されておらず、ゆれたときに周囲が別べつに動く。

2011年の東日本大震災でも、建設中だった東京スカイツリーは大きくゆれたが、被害はなかった。

再発見！のポイント 雨にそなえる

雨の多い気候にたえる屋根

日本は雨が多く、台風などによる強風にもたびたびおそわれます。そのため家にも、雨や強い風にたえるための、さまざまなくふうがこらされています。

屋根の形にも理由がある

日本の伝統的な家のつくりは、木や土でできた家がくさったり、くずれたりしないように雨から守るというはたらきをもっています。

家の屋根は、ななめになっています。ふった雨はすぐに流れ落ち、水の重さで家がこわれたり、木がくさったりするのをふせぎます。

また、屋根のはしには、水が流れ落ちる場所を調整するための雨樋が、窓の上には雨が室内に入りにくいようにひさしがもうけられています。さらに、はげしい風雨をふせぐために、窓には雨戸が設置されています。

瓦屋根のつくり

瓦屋根は、木でできた下地に「瓦」をしきつめてつくる。瓦どうしが重なるように固定することで、雨が入りにくいつくりになっている。

野地板
瓦をのせる板。

瓦
土を焼いてつくったもの。雨や火に強い。

下ぶき材
屋根が水を通さないようにする板。スギの皮などがつかわれる。

野垂木
家の骨組みのうち、野地板をのせる部分。

ひさし
雨が窓から室内に入りこむのをふせぐために、窓の真上にとりつける小さな屋根。

雨樋
屋根にふった雨水を1か所に集め、「樋」とよばれる水の通路を伝って地面の決まった場所に流す。昔は竹や木でつくられていたが、今はプラスチックなどが多い。

屋根の形の種類

日本の家の屋根の形はおもに三種類あり、このほかにも平らな陸屋根など、気候などに合わせていくつかの形がある。

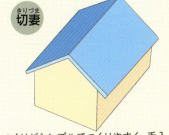

切妻

つくりがシンプルでつくりやすく、手入れもかんたんで雨もりもしにくい。

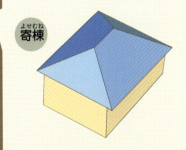

寄棟

かたむきが四方に広がった屋根。風に強いため、強い風が吹く地方でよく見られる。

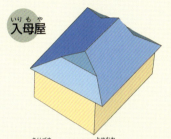

入母屋

上部を切妻で、下部を寄棟でつくった屋根。高級感があり、寺社建築や、身分が高い人の家などに多くつかわれた。

さまざまな屋根の素材

現在はあまり見られなくなったが、かつての日本の家の屋根にはさまざまな自然素材でつくられているものがあった。

かやぶき

カヤとはススキなどの仲間の植物。竹の骨組みにカヤのくきを束ねてしきつめてつくる。雨をはじく力が弱いため、屋根のかたむきを急にして、雨水が流れやすいようにつくられている。

板ぶき

木の板をつかった屋根。板は木や石でおさえられ、少しずつ重ねることで雨が内部に入らないようになっている。カヤが手に入りにくい地域の民家の屋根には、この方法が多くつかわれた。

風雨にたえる雨戸

強い風や雨から室内を守るために窓や障子の外側にとりつけられた戸。伝統的なものは木でできていたが、現在のものは金属製が多い。

くらべてみよう！ 雨の少ない地域の屋根

雨が少なく、屋根の雨水を流し落とす必要がない地域では、平らな屋根の家が多く見られます。平らな屋根は、ななめになっている屋根よりもつくりやすく、短い時間で完成するという利点があります。

イスラエルで見られる平らな屋根の家による町並み。

再発見！のポイント　暑さにそなえる

夏を基準につくられる家

伝統的な家には、風をよく通し、エアコンなどにたよらずに夏を快適にすごすためのくふうが多く見られます。

風通しを第一に考えたつくり

日本では、夏にとても暑くなります。冬の寒さは、何枚も服を着たり火をつかってあたたまったりすることでしのげますが、エアコンがない時代には、夏の暑さを乗り切るのはたいへんなことでした。

そこで日本では、夏をすずしくすごすことができるように、風通しをよくするとともに、湿気がこもりにくいようにした家が発達しました。ただ一方で、風を通しやすい家は、冬になると冷たいすき間風が入り、室内をあたためることが難しいという欠点をもっています。

これに対してヨーロッパなどの、夏の暑さが日本ほどきびしくない地域では、風が入りにくく、暖炉（→51ページ）で部屋全体をあたためるしくみをもつ家が多く見られ、きびしい冬にたえるようにつくられているといえます。

夏を快適にすごすくふう

すだれ
竹やアシ（ヨシ）で編んだもの。夏に窓の外側につり下げ、日差しをふせぎながら、風を通すはたらきをする。窓や壁に立てかける大きなものは、「よしず」（→22ページ）とよばれる。

大きな窓
伝統的な家は、壁でなく柱でささえるつくり（→14ページ）のため、壁をがんじょうにしなくてもよく、窓を大きくつくることができる。

植え木
庭や垣根（→27ページ）には、夏の日差しをさえぎるための木が植えられる。あたたかい日差しが必要な冬には葉を落とす、落葉樹が選ばれることが多い。

風の通り道をつくる

風通しをよくするということは、言いかえれば風の通り道をつくることです。ふすまや障子などの引き戸（→38ページ）は、大きく開けはなって、風の通り道をつくることができます。さらに、床を地面からはなれた高床にすることで、床下にも風の通り道をつくり、湿気をふくんだ空気がこもらないようにくふうされています。

地窓と高窓

伝統的な家の部屋に、「地窓」や「高窓」という小さな窓がつけられていることがあります。
地窓は部屋の床近くに、高窓は天井近くにあります。これも、風の通り道をつくるしくみです。夏の風は、低いところから高いところに向かって移動するため、風が地窓から入り、高窓からぬけていきます。窓を大きく開けなくても、部屋のなか全体を風が通りぬけることで、すずしくなるのです。

地窓と高窓のある和室。

軒
屋根のうち、壁からはりだしている部分。長くはりだした軒は、夏の強い日差しが室内に入るのをふせぐ。

障子
外との境が障子になっていることもある。窓よりも大きく開けることができ、そこから出入りもできる（→39ページ）。

仕切り
家の内部の仕切りは、開け閉めができる引き戸などになっている。開ければ、風が通りぬける。

床下
地面と床の間にすき間がある高床にすることで、地面から蒸発する水蒸気をふくむ湿った空気をにがし、湿気をふせぐ。

くらべるヒント！ 現代の家の多くは、エアコンがあるため、通気性の低いつくりになっている。

夏と冬で変身する「建具替え」

ふすまや障子、窓など、部屋をへだてる仕切りを「建具」といいます。

扉やガラス窓などは、固定されていて簡単に交換することはできません。これに対して、ふすまや障子などの建具はとり外すことができます。日本では昔から、夏の蒸し暑さをやわらげるために、夏になると建具をより通気性の高いものに交換する「建具替え」がおこなわれてきました。

現代の家では、西洋風の建具が増えたことや、家の気密性が高くなりエアコンで部屋を効率よく冷やせるようになったことなどから、建具替えがおこなわれることは少なくなりました。しかし、京都府などに残る「町屋」とよばれる昔ながらの家では、今もこの建具替えがおこなわれ、季節の変わり目の風物詩となっています。

冬の町屋

仕切りには、風を通さないふすまや障子をつかう。これらを閉め切ると風の通り道をさえぎり、あたたかくすごすことができる。

板戸
木の板でできていて、光や風をさえぎる。

よしず（→20ページ）
強い光をさえぎりながら、風を適度に通す。

夏の町屋

障子やふすまはすべてとり外し、蔵にしまう。代わりにす戸やすだれ、よしずなど、光や視線をさえぎりながら風を通す建具をとりつけて、室内を風が通りぬけやすいようにする。

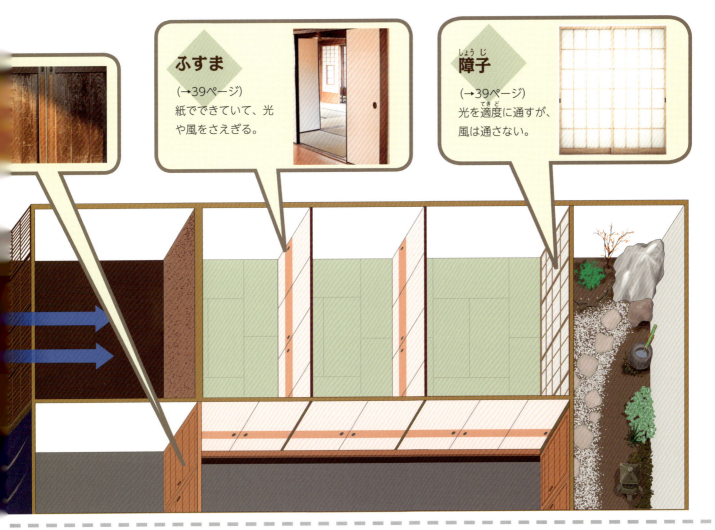

ふすま (→39ページ)
紙でできていて、光や風をさえぎる。

障子（しょうじ） (→39ページ)
光を適度に通すが、風は通さない。

籐むしろ（とう）
籐という植物のくきでできたしきもの。ひんやりとした肌ざわりで、暑さをやわらげる。

す戸
竹やアシ（ヨシ）でつくられた戸。引き戸（→38ページ）として開け閉めすることができる。よし戸ともいう。

坪庭（つぼにわ）
建物に囲まれたところにある庭。植えられている木や草にふくまれる水分が蒸発するときに、風をつくり、まわりをすずしくする効果がある。

くらべるヒント！ ふすまや障子とちがって、ドアはとり外しができない。（→38ページ）

再発見！のポイント 家の構造2

内と外をゆるやかに区切る

開放的なつくりが特徴の日本の伝統的な家のなかで、家の内と外をゆるやかにつないでいる空間が「縁側」です。

内と外があいまいな日本の伝統的な家

　西洋の家の多くは、冬のきびしい寒さをさえぎるために、外壁によって家の内と外がしっかりと区切られています。これに対して、日本の伝統的な家は、風をとり入れやすいように外壁が比較的少ないため、開いている部分が広くなった開放的なつくりとなっており、家の内と外の境界線は西洋の家ほどはっきりとしていません。

　とくに、太陽の光がよくあたる南側は、多くの光をとり入れるために広く開くようになっていることが多くあります。広く開いた部分から外に向かってはりだした板じきのところを、縁側といいます。縁側は、家の中と外とをつなげる、中間的な場所といえます。

ぬれ縁
家の外の軒の下につくられる縁側。雨のときにはぬれるためにこうよばれる。

伝統から生まれたことば　縁の下の力持ち

　他人からはわかりにくいところで、ほかの人やものごとをささえている存在のことを「縁の下の力持ち」という。この「縁」とは、縁側のことをさしている。縁側の下にある木材は、外からはわかりにくいが、縁側の板を下からしっかりとささえている。そのため、人知れずものごとをささえる人を「縁の下の力持ち」というようになった。

いこいの場、縁側

　縁側は、冬には太陽の光が多くあたってあたたかな空間になり、夏には窓を開けはなつと風の通り道になるため、すずしくすごすことができる空間となります。そのため、冬の日なたぼっこや、夏の夕涼みの場所として、住む人にとってのいこいの空間になっています。また、庭に面していることから、出入口や、庭仕事のための場所としてつかわれたりもします。さらに、近所の人などがおとずれたり、来客をもてなしたりする場になることもあり、人との交流にもつかわれています。

くれ縁
家の内側にある縁側。木の板は窓に平行な方向にしかれていることが多い。

再発見！のポイント　庭

自然をとり入れる

日本の庭は、木や石、水などを組み合わせることで、自然や理想の世界を表現しています。

庭はいちばん身近な自然

　庭に木を植えることで、家の敷地の中に自然を取りこみ、暑さや寒さをふせいだり、家の中からながめて四季の移り変わりを感じたりすることができます。

　また、日本の伝統的な庭は、木だけではなく、大小さまざまな石や、池などの水をつかってつくられることが特徴です。大きな石を山に見立てたり、池を湖に見立てたりといった「見立て」によって、ゆうだいな自然の風景や、昔から伝えられてきた理想的な世界のようすを、庭の中に表現しようとしているのです。

　それに対し、西洋の家に見られる庭の多くは、きれいに刈りこんだ植物を規則正しく左右対称に配置し、それらがつくりだす直線や曲線の美しさを楽しみます。

　どちらの庭も、住む人にとっていちばん身近な自然であることは変わりませんが、人と自然の関わり方のちがいがあらわれています。

飛び石
庭を歩くときの道となる石。土の上に置き、この上を歩くことではきものが汚れないようにする役目をもつ。

池
水には、心を清めるはたらきがあるとされ、多くの庭では池などに水がはられている。池では、ニシキゴイなどが飼われていることもある。

石組み
見ばえのする大きな石を組み合わせて庭の一部に置く。山や滝のほか、神様や仏様のすがたなどをあらわすこともある。

植え木
日本の庭で、木は自然を表現するうえでもっとも重要な要素のひとつ。植え方には、見ばえのよい木を1本植える単植、いくつかの木をいっしょに植える寄植えがある。

庭木によくつかわれるマツ。

垣根（かきね）
敷地の内と外を区切り、外からの視線をさえぎる。同時に庭の景色を引き立て、演出するはたらきもあり、伝統的な家ではさまざまな種類の垣根が使われている。

建仁寺垣（けんにんじがき）
半分にわった竹をたてにならべた垣根。

柴垣（しばがき）
たばねた柴を半分にわった竹で両側からおさえてつくった垣根。

手水鉢（ちょうずばち）
石灯籠（いしどうろう）
もともとは石灯籠は中にろうそくなどの灯りを入れるためのもの、手水鉢は中に水をはり、手を洗うときにつかうもの。現在は、実際につかわれることはないが、庭のおもむきをだすために置かれている。

敷石（しきいし）
石を敷きつめた通路。自然らしさをそこなわずに歩きやすくする。

生け垣（いけがき）
育てた木をならべて植え、ていねいに刈りこみ、敷地を取り囲む垣根の役目をさせる。

門（もん）
敷地の内と外を区切る出入口。単なる出入口ではなく、家の格を表す象徴にもなっている。家屋と同じように屋根をつけることもある。

気候や風土がつくる家

地域によってことなる家づくり

　1年を通してあたたかく、台風が多い沖縄地方の家には、強風や雨をふせぎながらも、暑さをしのぐために適度な風通しを確保するためのくふうが、多く見られます。

　一方、北海道や東北地方のような北の地域では冬の寒さがきびしく、とくに日本海側は大陸からやってくる冷たく湿った空気の影響で、たくさんの雪がふります。これらの地域では、昔から雪の重さで家がたおれるのをふせぎ、寒さをしのぐしくみをもつ家が建てられてきました。

　このように、それぞれの土地の気候や風土が、長い時間をかけてその地方の家をつくりあげてきたともいえるのです。

暑い地方の家

沖縄県の伝統的な家は、家のまわりに防風林や石垣をもうけるほか、屋根を低くして風の影響を受けにくいようになっている。このような家は沖縄の小さな島などで今も多く見ることができる。

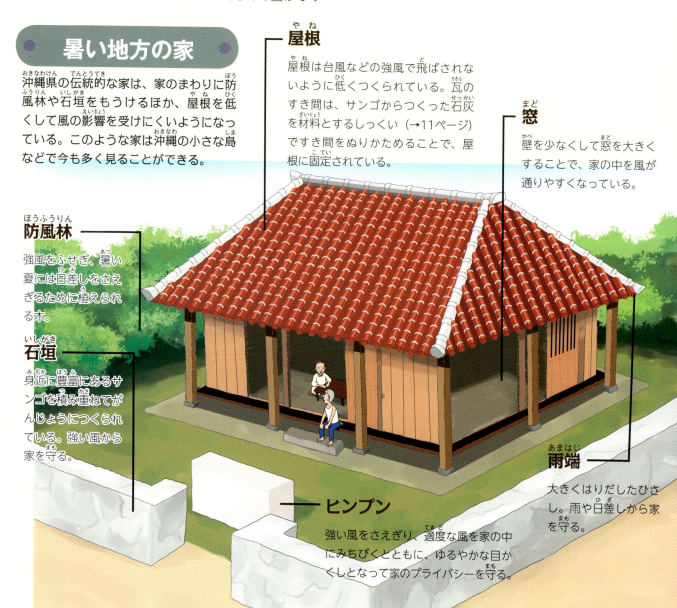

屋根
屋根は台風などの強風で飛ばされないように低くつくられている。瓦のすき間は、サンゴからつくった石灰を材料とするしっくい（→11ページ）ですき間をぬりかためることで、屋根に固定されている。

窓
壁を少なくして窓を大きくすることで、家の中を風が通りやすくなっている。

防風林
強風をふせぎ、暑い夏には日差しをさえぎるために植えられる木。

石垣
身近に豊富にあるサンゴを積み重ねてがんじょうにつくられている。強い風から家を守る。

雨端
大きくはりだしたひさし。雨や日差しから家を守る。

ヒンプン
強い風をさえぎり、適度な風を家の中にみちびくとともに、ゆるやかな目かくしとなって家のプライバシーを守る。

雪の多い地方の家

合掌造とよばれる、雪の多い地方で広くつくられたかやぶき屋根の家。現在では岐阜県高山市にある白川郷や富山県南砺市にある五箇山などに多く残っており、世界遺産となっている。
合掌造の家のあるところでは、夏には農業が、冬には絹糸をとるためにカイコを育てる養蚕がおこなわれていた。

屋根裏
屋根が急角度であるために屋根裏には大きな空間ができる。屋根裏では、絹糸をとるためにカイコが飼われていた。

屋根
イネ科のカヤで厚くふかれているかやぶきの屋根（→19ページ）。カヤは空気を多くふくみ断熱性が高く、夏の暑さや冬の寒さから守ってくれる。

屋根の角度
屋根の雪が落ちやすいように急な角度になっている。

家の向き
屋根のある面が東西に向くように建てられている。屋根にまんべんなく日光をあて、北風があたる面積を小さくして家を守るため。

囲炉裏
調理をしたり、暖をとったりする設備（→50ページ）。ここで出るけむりは屋根を乾燥させたりいぶしたりし、カヤに虫がわいたりくさったりするのをふせぐ。

海に面した家

現在の漁師の家は、安全性を考えて海から離れた場所に建てられることも少なくない。しかし、交通手段が今ほど発達していなかった時代は、船で海に出るのに便利なように、海や船をつなぐ場所の近くに建てられた。京都府伊根町には、江戸時代中ごろから発達した舟屋とよばれる漁師の家並みが、今も残っている。

舟屋（1階）
1階には海水が入りこんでおり、船をそのまま海に出すことができる。1階の奥には作業場などもある。

舟屋（2階）
人がくらす空間がある。現在は民宿などに改装されているものも多い。

母屋
陸上にある通常の家。舟屋とつながっている。

石積みの基礎
水につかる部分には、石を積みあげてつくった基礎がもうけられている。

2章 家のなかのくふう

再発見！のポイント　間取り

日本の家の間取り

日本の家の間取りは、独自の価値感に合わせてつくられていました。

来客をむかえるための間取り

　日本の家の間取りには、まねいたお客様が快適にすごせることが重要と考えた、日本人のくらしのあり方があらわれています。部屋と部屋の間にはろうかがなく、ふすまや障子などをへだててとなりあっているのが特徴です。ふすまや障子を開けはなったり、とり外したりすれば、部屋どうしをつなげて大きな部屋としてつかうことができます（→38ページ）。このようにしてつくった大きな部屋で、地域の人びとをまねいて、結婚式やお葬式などの行事をおこなうこともあります。

　玄関から入っていちばん奥にある部屋は、座敷（→40ページ）とよばれ、来客をむかえるための、家のなかでもっとも重要なところです。

　日当たりのいい南側には縁側（→24ページ）が、日の当たらない北側に台所や風呂、トイレなどの水回りがあるのがふつうです。

くらべてみよう！　現代の家の間取りを見てみよう！

　現代の日本の家は、家族ひとりひとりが快適にすごすことに重点を置いた間取りになっているといえます。家の中にはふすまや障子の代わりに壁があったり、部屋と部屋の間にろうかがあったりして、部屋どうしがしっかりと区切られるつくりになっています。また、日当たりのよい南側にキッチン（台所）をつくったり、居間や食事をするところとつなげて家族が集まるくつろぎの場所としてつかったりしている家もあります。

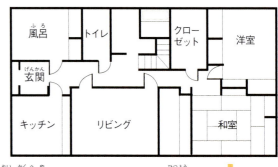

現代の家の間取りの例。各部屋に行くためには、ろうかに出る必要がある。

再発見!のポイント 玄関

玄関ははきものを脱ぐところ

日本では、はきものを脱いでから家に上がります。玄関は、はきものを脱ぐ場所であり、内と外を区切る場所でもあります。

土足で家に上がらない習慣

　日本では、室内でははきものを脱ぐという習慣があります。日本は湿度が高く雨も多いため、水に弱い畳（→34ページ）や板などでできた部屋の床を、水分から守るという目的で、この習慣が根づいたと考えられています。

　一方で、伝統的な日本の家には、地面と同じ高さで、はきものをはいたままですごす、「土間」という空間がありました。

　生活スタイルの変化によって現在の家には土間はあまり見られなくなくなりましたが、玄関の一部に、はきものを脱ぐ場所として残っている部分は、土間のなごりといえます。

　玄関は、家のなかに入るときの入口として、また、はきものを脱ぐところとして、現在でもほとんどの家にもうけられています。

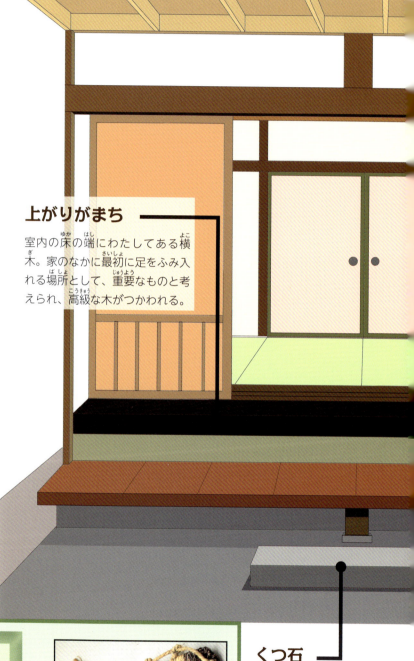

上がりがまち
室内の床の端にわたしてある横木。家のなかに最初に足をふみ入れる場所として、重要なものと考えられ、高級な木がつかわれる。

くつ石
はきものを脱ぐときに足を置く石。

伝統から生まれたことば　わらじを脱ぐ

　昔は、遠くに出かけるときには「わらじ」とよばれるはきものをはいた。家に入るときには、わらじを脱ぐことから、旅を終えることや旅館に落ち着くこと、さらに各地を転てんとしている人がどこかに身を落ち着けることを「わらじを脱ぐ」というようになった。

わらでつくられたわらじ。

くらべてみよう！ 玄関がない西洋の家

　西洋の家には玄関がなく、扉の内側には段差もないことがほとんどです。これは、室内ではきものを脱ぐ習慣がないという理由以外に、西洋と日本の家の役割のちがいも関係していると考えられています。
　周囲の人びとや屋外と一定のつながりを保つ日本の家に対して、西洋の家は外部からの進入をふせぐことを重視してつくられています。そのため扉はあつく、鍵も厳重です。
　また、日本の開き戸（→38ページ）は外向きに開きますが、西洋では、基本的に内向きに開きます。これも進入をふせぐことを考えて、内側からつっかい棒などをしやすくするためだといいます。

西洋の家の入口。戸は開き戸（扉）で、中には玄関のスペースや段差はない。

式台
土間と室内の床の段差の間にある、水平な部分。

土間
室内より一段低い、土足であがる部分。

土足ですごす土間

土間の床は三和土といい、水や汚れに強くつくられている。土間でははきものをはいたままですごし、農具を置いたり、農作業の準備をしたりするほか、かまどや流しは土間にあるのがふつうだった。また、農家などでは玄関がなく、土間が出入口としてつかわれることも多かった。
現代では、土間といえば玄関のはきものを脱ぐ部分のことを指す。

古い民家の土間。

再発見!のポイント　床のつくり

直接すわれる畳の床

家の中ではきものをはかない日本では、室内で快適にすごすために、独自の床材として畳が発達してきました。

はだしでも快適にすごせる畳

　現在では、畳がしきつめられた部屋を和室とよびます。畳はイグサという植物を編んでつくられたもので、適度にやわらかくてふみ心地がよく、保温性にすぐれているほか、空気中の水分をすって部屋の湿度を一定に保つという特徴があります。長くつかっているといたんできますが、しきつめているだけで床に固定しているわけではないので、そのまま外して新しい畳表にとりかえたり、直したりすることができるのも大きな特徴です。

　畳は、もともと身分が高い人の家で用いられていたものです。板の間のなかで、人がすわる場所だけにしかれていました。それが今から700年ぐらい前に部屋全体にしかれるようになり、やがて一般の人の家にも広まりました。今では、欠かせない床材となっています。

畳のつくりと大きさ

　畳は、わらを積みかさねた畳床という板のようなものに、イグサという植物であんだ畳表をかぶせたつくりになっています。畳独特のやわらかさは、この畳床とイグサによって生まれます。

　伝統的な畳の大きさは、西日本と東日本、その中間の地域でことなっています。畳をしきつめるときは4つの角が1か所に集まらないようにしきつめます。

畳の断面図

畳表　いぐさでおられている。古くなった畳表は畳床からはがし、裏返してつかうこともできる。

畳縁　畳の長い辺にそってぬいつけられている布。畳表の切り口をかくすとともに、畳表を畳床に固定する役目をもつ。

畳床　わらを積み重ね、強く押し固めて板のようにしたもの。適度なやわらかさをもつほか、温度や湿度を一定に保つはたらきもある。

畳の大きさ

京間　6尺3寸（約1.9m）× 3尺1寸5分（約1m）
おもに西日本でつかわれる、やや大きめの畳。

江戸間　5尺8寸（約1.8m）× 2尺9寸（約0.9m）
おもに東日本でつかわれる、やや小さめの畳。

畳のしき方

四畳半

六畳

木の板をつかった床

　日本の伝統的な家では、多くの部屋の床には畳がしかれています。一方で、ろうかや台所、縁側（→24ページ）などは、木の長い板をならべてつくった、板張りの床になっています。

　通路であるろうかや調理をおこなう場所である台所では、すわったり寝転んだりすることはほとんどありません。また、台所では水をつかいますし、縁側は雨がふきこむことがあります。畳は水にぬれるとくさってしまうため、これらの空間は、畳をしかず、板張りのままでつかわれるようになったのです。

　板張りの床は、渋柿の実からつくった「柿渋」とよばれる塗料などをぬることで、水に強く、汚れを落としやすいようになっています。こうした床は、固くしぼった雑巾で汚れをふきとり、きれいに保つことができます。

くらべてみよう！ フローリングの床と洋室

　最近の家は西洋化が進み、洋室（畳をつかわない部屋）がふえています。洋室の多くは、木の板をしきつめた「フローリング」とよばれる床になっています。フローリングには、木のうすい板を何枚もはり合わせた合板とよばれる板がよくつかわれます。

　フローリングには、畳のようなやわらかさやふみ心地のよさはありません。しかし、掃除がしやすい、畳にくらべていたみにくいなどの利点があり、くらしの西洋化で広まったソファやベッド、テーブルなどの洋風家具と調和させやすいこともあって広まっています。

フローリングの部屋。洋室には、フローリングの床が多い。

和室のなかには畳がしかれ、くれ縁（→25ページ）は板張りになっている。

再発見！のポイント　部屋の収納

つかわないものはしまっておく

日本には、部屋にはあまりものを置かず、片づけておくという文化が根づいています。ものを片づけるために欠かせない空間が「押入れ」です。

空間を有効活用する

　日本の伝統的な家に見られる収納場所の代表的なものが「押入れ」です。押入れには、昼間はつかわないふとんをはじめ、ふだんつかわない衣類、電気製品、食器など、さまざまなものを収納します。

　江戸時代より前は、日本人はふとんではなくござや布などをしき、その上に寝ていました。朝起きたらござや布を片づけ、食事をしないときには食卓を片づけることで（→44ページ）、かぎられた場所を有効につかう文化が根づいていました。多くの場合、片づけたものは部屋のすみなどに置かれていました。

　江戸時代に、裕福な人びとはふとんで眠るようになりますが、ふとんはござや布にくらべると片づけるときに場所をとります。そのため、ふとんを片づけるのに便利な押入れが急速に広まりました。そして、明治時代になると、ふとんだけでなくさまざまなものを収納できる便利な場所として、一般の人の家にも広まったのです。

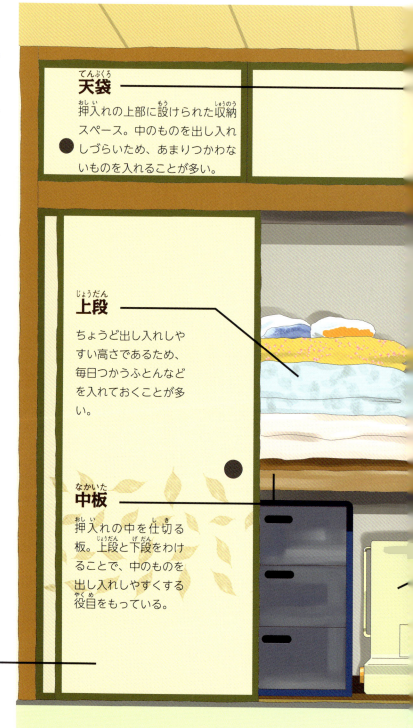

天袋
押入れの上部に設けられた収納スペース。中のものを出し入れしづらいため、あまりつかわないものを入れることが多い。

上段
ちょうど出し入れしやすい高さであるため、毎日つかうふとんなどを入れておくことが多い。

中板
押入れの中を仕切る板。上段と下段をわけることで、中のものを出し入れしやすくする役目をもっている。

ふすま
押入れの中が見えないようにするための仕切りとしてつかわれる。

伝統的な日本の家の納戸。窓がなく四方を壁に囲まれている場合も多い。

下段

上段よりもやや出し入れしづらいため、衣類や小さなもの、つかう季節が限定されているものなどを入れることが多い。

長期間つかわないものは納戸へ

押入れができる以前のおもな収納場所は、家の一角にもうけられた「納戸」とよばれる小さな部屋でした。窓は小さいか、まったくなく、暖房器具などつかう季節がかぎられている道具や、季節はずれの衣類、美術品などを収納しました。

納戸は、押入れがつかわれるようになった後も、規模の大きな収納場所としてつかわれつづけ、今でも残っているところがあります。

くらべてみよう！ クローゼット

西洋では、洋服を収納する小さな部屋を「クローゼット」といいます。クローゼットは、扉を開けると棚やひきだしがあり、上部には服をかけるためのパイプ（ハンガーパイプ）がもうけられています。

日本の伝統的な服は平面的なつくりで、「たたむ収納」が基本でした。たたんで長持という箱に入れて納戸に置いたり、たんす（→52ページ）に収納したりすることが一般的でした。

一方、西洋の服は、立体的につくられていて折りたたみにくいため、形がくずれたりしわがついたりしないように、つるしておく必要があるものが多いのが特徴です。このため、クローゼットは「つるす収納」のための場所として発達してきました。

現代の日本では、洋服を着る習慣が広まったことから、たんすに服をつるすことができる部分を加えた「洋だんす」をつかうようになったほか、クローゼットを備えた家も増えています。

現代の家にもうけられたクローゼット。歩いて出入りできるものは、「ウォークインクローゼット」とよばれる。

37

再発見！のポイント　部屋の仕切り

ゆるやかな間仕切り

ふすまや障子で仕切られた部屋は、完全にわかれているのではなく、ゆるやかにつながっています。

開けはなつこともできる「引き戸」

日本の家で多くつかわれているふすまや障子は、左右にすべらせて開閉する「引き戸」とよばれる種類の戸です。

引き戸は、「半分だけ開ける」など、どのくらい開けておくかを自由に決めることができます。また、建物に固定されている扉とちがい、引き戸はとり外すこともできます。そのため、ぴったりと閉まる扉にくらべて、開放的な仕切りであるといえます。

日本人は、かぎられたスペースのなかで快適にくらすために、引き戸をじょうずにつかって家のなかをゆるやかに仕切ることで、行事のときにふすまを外して部屋をつなげてつかうなど（→30ページ）、自由な空間をつくってきたのです。

間仕切り

とりはずすことで、となりの部屋とつなげることができる。

引き戸と開き戸

開き戸は西洋の家によく見られ、扉が前後に動くので、奥行きがない場所ではつかうことができません。一方、引き戸は奥行きがない場所でも開閉することができます。こうした理由もあって、せまいことが多い日本の家では、おもに引き戸がつかわれてきました。

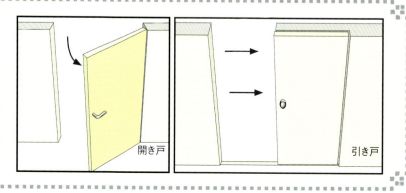

扉とプライバシー

生活していくうえでほかの人に知られたくないことを「プライバシー」といいます。西洋では、個人のプライバシーを非常に大切にしています。そのため、西洋の家の多くは、部屋どうしがあつい壁や扉で仕切られ、ろうかを通らないとほかの部屋に行けないつくりになっています。

一方、日本では昔からプライバシーを守ることよりも、家族や周囲の人と協力し合ってくらすという考え方が大切にされてきました。日本で開放的な引き戸がつかわれてきたのには、そうした考え方のちがいも関係があるかもしれません。

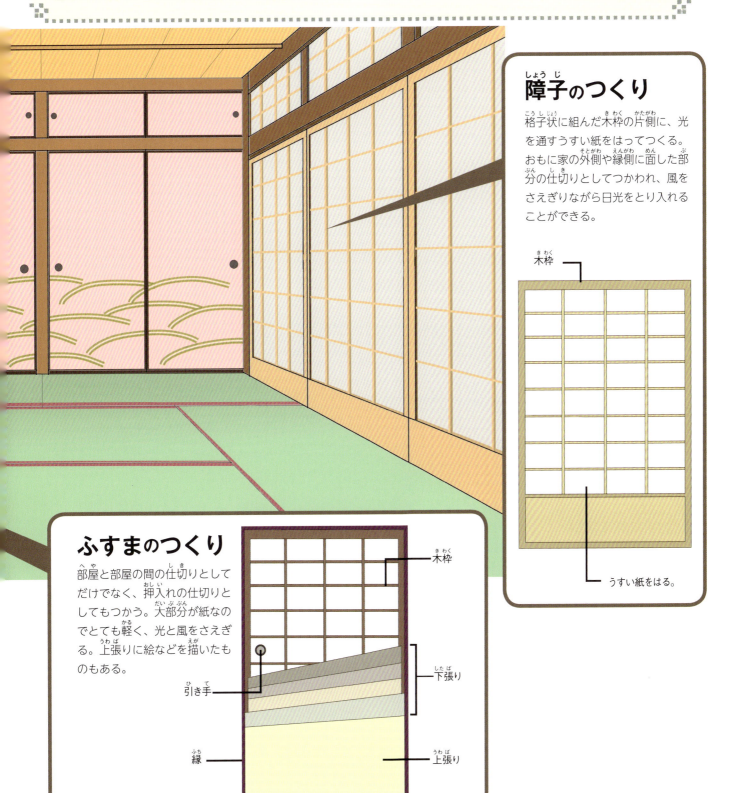

障子のつくり

格子状に組んだ木枠の片側に、光を通すうすい紙をはってつくる。おもに家の外側や縁側に面した部分の仕切りとしてつかわれ、風をさえぎりながら日光をとり入れることができる。

木枠

うすい紙をはる。

ふすまのつくり

部屋と部屋の間の仕切りとしてだけでなく、押入れの仕切りとしてもつかう。大部分が紙なのでとても軽く、光と風をさえぎる。上張りに絵などを描いたものもある。

木枠 / 引き手 / 下張り / 縁 / 上張り

再発見！のポイント　客間

来客をもてなす座敷

床の間をもつ座敷は、もともと裕福な人びとの間で発展し、日本の伝統的な家ではお客様をもてなす場所になっています。

来客の目を楽しませる床の間

来客をもてなすためにつかわれる、家のなかでいちばん上等な和室を「座敷」といいます。座敷は、客が快適にすごすことができるように、おもに風通しや日当たりがよく、景色も美しい庭に面した場所につくられます。

座敷には、来客の目を楽しませるために美術品をかざる空間として、「床の間」がもうけられているのが一般的です。床の間にはさまざまな形がありますが、多くは部屋の床よりも一段高くなった部分に「床板」とよばれる板がしかれています。となりには棚や天袋（→36ページ）や地袋（床に近い場所にある押入れ）をもうけた床脇という空間がつくられます。また、床の間や床脇のとなりに机としてつかうことができる「付書院」とよばれるはりだした部分がもうけられることもあります。

床の間の壁には掛け軸をかざり、床板の上には花びんや茶わんなどの美術品を置いて鑑賞します。

天袋
棚の上にある、ふすまがついた収納スペース。

床柱
床の間と床脇にある柱。自然の木の形を生かした美しい柱がつかわれることが多い。

床脇

棚
床の間の横につくられる。美術品を置くための棚。

地袋
棚の下にある、ふすまがついた収納スペース。

さまざまな棚

袋棚
棚に地袋を組み合わせた棚。

違棚
棚板を段ちがいに設置した棚。

風通しや明るさを確保する欄間

和室のふすまや障子（→38ページ）、書院の障子の上の、天井との間の部分に、風通しをよくしたり、光をとり入れたりするために「欄間」とよばれる仕切りがもうけられることがあります。おもに風通しをよくするために部屋の間にもうけられる欄間に対し、光をとり入れるために外側に面した部分にあり、障子やガラスがとりつけられた「明かり欄間」もあります。

木を格子状に組んだ組子欄間や、すかし彫り（向こう側が見えるように彫りこまれた彫刻）がほどこされたすかし欄間など、さまざまなデザインがあります。

彫刻がほどこされた欄間。

落し掛け
床の間の上部にある壁の下の部分に取りつけられる木材。竹でつくられることもある。

床の間

付書院

地板
書院の平らな部分。かつては実際に机としてつかわれていた。

床板
床の間の平らな部分。床板が部屋の床面と同じ高さの床の間は「ふみこみ床」という。

床がまち
床板の端にわたされた横木。きれいに仕上げられる。

障子
付書院に光をとり入れるためにもうけられている。

再発見！のポイント　風呂とトイレ

きれい好きな日本人

日本では、夏は蒸し暑く、冬は寒いという気候のなかで、西洋には見られない入浴の文化が育まれました。また、トイレも独特な発達をしてきました。

湯につかる風呂

日本人は、世界的に見ても風呂に入る回数が多く、入る時間も長い「お風呂好き」といわれています。

日本人は、蒸し暑い夏には多くの汗をかくのでそれを洗い流す必要があり、一方で寒い冬は体をあたためなければなりません。また、火山が多く温泉にもめぐまれている日本では、古くから疲れをいやしたり、健康を保ったり、病気をなおしたりするために各地の温泉がさかんに利用されてきました。

このような文化のなかで、人びとの間には心や体をきれいにしたり、冷えた体をあたためたりするために湯につかる習慣が自然に身についたのだと考えられています。

日本人が風呂に入るときは、一般的に浴そうに熱めの湯をたっぷり入れ、肩までつかります。こうすることでリラックスし、体の疲れをいやすのです。親と子どもがいっしょに浴そうに入ることもあり、風呂は家族どうしのコミュニケーションの場にもなります。

屋外につくった施設に温泉を引いた露天風呂。日本には温泉を利用した観光施設が各地にある。

日本の風呂の特徴

日本の風呂には、浴そうと洗い場がある。洗い場で石けんやシャンプーをつかって体を洗ってから、浴そうにつかって体をあたためるのがふつう。石けんやシャンプーは、浴そうのなかには入らないようにする。

浴そう
大人が、すわって入ったときに肩までつかれるように深めにつくってあることが多い。

洗い場
風呂専用のいすにすわり、シャワーをつかったり、湯をおけにくんで体にかけたりして、体やかみの毛を洗う。

しゃがんで用を足す和式トイレ

日本をふくむアジアの国ぐにでは、しゃがんで用を足す習慣があり、それに合わせた形のトイレが広くつかわれるようになりました。一方、いすでくらす文化が根づいていた西洋では、便器もいすのような形の「洋式トイレ」が主流です。

日本でも洋式トイレがつかわれるようになると、しゃがむ形のトイレは「和式トイレ」とよばれるようになりました。現在では、日本の家のトイレの多くが洋式トイレです。

しゃがんでつかう和式トイレ。

いすのような形の洋式トイレ。

くらべてみよう！ 西洋の風呂

現在、西洋の人の入浴はバスタブ（浴そう）にはった湯の中で体を洗い、シャワーでさっと汚れを落とすという方法が多いです。バスタブに湯をはらずに、シャワーだけですますこともあります。日本人のようにゆっくりと湯につかり、疲れをいやしたり、体をあたためたりすることはあまりありません。

バスタブの中で石けんをつかって体を洗うため、浴室内に洗い場がないのも特徴です。

西洋のバスルーム。多くの場合バスタブと同じ空間にトイレがある。

3章 家のなかの道具

再発見！のポイント　部屋のつかい方

家具と日本の住まい

日本の家具は、移動できるものが多いのが特徴です。移動することで、部屋をさまざまな目的につかえます。

家具が部屋の役割を変える

　日本の伝統的な家の部屋は、置く家具の種類を変えることで、部屋のつかい方を変えることができます。

　たとえば、食事用の小さなテーブルである、「ちゃぶ台」（→48ページ）を置けばごはんを食べる場所になり、ふとんをしけば寝室になります。家具の多くは、移動がしやすいように軽くできています。なかには、ちゃぶ台のように、脚を折りたたむなどして、小さくすることができるものもあります。

　日本は人口の多さに対して国土がせまく、山が多いために、一部の住みやすい地域に多くの人びとが集まってくらしてきました。そのため、とくに人口が多い都市部では、家を建てることができるスペースはかぎられており、ひとつひとつの家がせまい傾向がありました。そこで日本人は、家具を移動するというくふうをすることで、かぎられたスペースを有効に利用してきたのです。

座ぶとんを片づける。

ちゃぶ台をたたみ、片づける。

押入れの中のふとんを出し、しく。

つくりつけが多い西洋の家具

　西洋の家では、部屋と一体になったつくりつけの家具や大型で移動できない家具が多く、部屋はどんな家具があるかによって、つかい方がほぼ決まってしまいます。たとえば、暖炉（→51ページ）やソファ（→49ページ）などがあり、ふだん居間としてつかわれている部屋に、ベッド（→47ページ）を持ちこんで寝室としてつかうことはふつうありません。

　西洋の家は日本の家にくらべると広いため、家具を移動してかぎられたスペースを有効利用する必要があまりありませんでした。移動しないのなら、大きくてがんじょうなものをつかうことができます。そのため、家具は日本にくらべるとつくりつけのものが多くなり、同時に「家具は家の一部」という考え方が一般的です。家を買ったり借りたりする場合も、家具つきのことが多いようです。

居間

テーブル
重くがんじょうなものが多い。

暖炉
昔は暖房器具として欠かすことができなかった。つくりつけであるため、移動はできない。

ソファ
床にすわることがないため、人びとはソファにすわってくつろぐ。

寝室

クローゼット
服や小物などを入れる収納スペース（→37ページ）。中に入ることができる大きなものを「ウォークインクローゼット」という。

ベッド
おもに木や金属でできており、がんじょうなつくりになっている。台の上にマットレスをしいてつかう。

再発見！のポイント　寝具

眠るためのふとん

畳の上にふとんをしくと、そこは「寝室」になります。
日本の家での眠り方について見てみましょう。

ふとんを毎日しき直す

かんたんには動かすことのできないベッドが置かれた「寝室」をもつ、洋風の家とはちがい、日本の昔ながらの家では、昼間、ふつうの部屋としてつかっている和室の畳の上に、ふとんをしいて眠ります（→44ページ）。ふとんには、しきぶとんとかけぶとんがあり、しきぶとんの上に寝て、上からかけぶとんをかけます。頭の下にはまくらを置いて寝心地をよくします。

しきぶとんとかけぶとん、どちらも、たたんで小さくしてしまうことができるようになっています。日本ではふつう、朝起きるとふとんをたたんで、押入れに片づけます（→36ページ）。そして、夜にはまたふとんをしき直して眠ります。

かけぶとん
中に綿などをつめて、軽く、あたたかくつくられている。

打ち直して長くつかう

ふとんは、長くつかっていると中の綿がかたくなり、あたたかさをたもつ機能や寝心地が悪くなります。このようになったふとんは、中の綿をほぐしたり、綿を足したりすることで、再びふわふわの状態にもどすことができます。これを「打ち直し」といいます。

ふとんは、数年に一度、専門の職人に打ち直してもらうことで、長くつかいつづけることができるのです。

◆ふとんの打ち直し方

❶ふとんから綿を出し、計量してほぐす。

❷ほぐしてきれいにした綿を板状にのばす。

❸綿を重ねて形を整え、袋に入れる。

❹ずれないように糸でとじる。

虫から身を守る蚊帳

エアコンのない昔の家では、夏の夜には窓や障子（→38ページ）を開けてすごすことが少なくありませんでした。また、気密性が低いので、窓を閉めていてもあちこちに小さなすき間がありました。そのため、家のなかには多くの虫が入ってきました。

虫は、感染症などの原因ともなります。そこで、人びとは虫をさけるために、蚊帳という四角いあみをふとんのまわりにはって、その中ですごしたり、眠ったりしました。

まくら
眠るときに頭をささえるもの。布の袋の中に綿やそばがらなど、いろいろなものをつめて寝心地をよくする。

しきぶとん
布でできていて、中に綿がつまっているため、やわらかさとあたたかさを保つことができる。

蚊帳。四すみにある金具をつかい、部屋に固定する。

くらべてみよう！ベッドで眠る生活

床の上でくつをはいて生活する西洋では、部屋にベッドを置き、その上にあついマットレスをしいて、ベッドに入るときはくつを脱ぎます。

ふとんのように毎日片づける習慣はなく、ベッドの上にしいたシーツをとりかえたり、洗ったりしてつかいます。

ベッドが日本に伝わったのは、明治時代のことですが、室内でくつを脱ぎ、床に直接すわったり寝ころんだりする習慣が根づいている日本では、今でもふとんをつかう人が多くいます。

ごうかな装飾がほどこされたベッド。

再発見!のポイント 食卓と座いす

和室で洋風のくらしを

日本では、明治時代になると家族で食卓を囲んで食事をしたり、語らったりするくらし方が登場しました。

ちゃぶ台を囲む生活

江戸時代までの日本では、膳とよばれる台の上にひとり分の食事をのせ、家族はそれぞれが自分の膳の前にすわって食事をしていました。しかし、明治時代になってテーブルを囲んで食事をするという西洋の習慣が入ってくると、ちゃぶ台とよばれる食卓を家族で囲んで食事をする習慣が広まりました。そして食事以外のときにも、ちゃぶ台のある茶の間（居間）は一家団らんの場所として利用されました。

ちゃぶ台の大きな特徴は、小さくて軽く、つかわないときには片づけておくことができるという点です。これに対して、西洋のテーブルは重くがんじょうなつくりで、つかわないときに片づけることはありません。ちゃぶ台は、西洋のテーブルを手本にしながらも、かぎられた空間を有効につかうという文化のなかで独自に生まれた、日本特有の家具なのです。

台 — 木でできており、丸いものやだ円のもの、四角いものなど、多くの種類がある。

脚 — 四角や丸のものがあり、片づけやすいように折りたたむことができるものも多い。

明治時代以降にちゃぶ台が一般の人びとに広まると、家族がひとつのちゃぶ台を囲みながら楽しく食事をするようになった。

快適にすわる

日本では、もともといすにすわる習慣はなく、家のなかでは床にすわってくらしていました（→34ページ）。そのため、床の上にすわったときに快適にすごすことができるように、独自のしきものが発達しました。

今から1000年以上前の平安時代、貴族は正方形の布に飾りがついた「しとね」とよばれるしきものなどの上にすわっていました。やがて、綿をつめた座ぶとんがつかわれるようになり、江戸時代になると一般の人の間にも広まりました。

現在、おとずれた客には座ぶとんをすすめるのが礼儀になっています。座ぶとんは、単に床の上で快適にすごすための道具ではなく、相手に対する敬意やもてなす気持ちをあらわすための道具にもなっているのです。

また、床の上に直接すわってすごすと、足やこしに負担がかかります。そこで昭和時代になると、負担を減らすために座いすが考案され、さかんにつかわれるようになりました。座いすは、床にすわってくらすという日本人の生活を大切にしながらも、いすのいいところをとり入れた、すぐれた家具といえるでしょう。

座ぶとん

綿止め — 中の綿が移動するのをふせぐ。

ふさ — 「不吉なものをはらう」という意味をこめた飾り。

座いす

背もたれ — 後ろにもたれかかったときに体をささえる部分。

座面 — 座る部分。座ぶとんをしくのがふつう。

くらべてみよう！

ソファ

古くからいすにすわるくらしをつづけていた西洋では、今から300年ほど前になると、くつろぎながらより快適にすごすために、座面と背もたれに綿などを詰めてやわらかくした長いすがつくられるようになりました。このような長いすを「ソファ」といいます。

ソファは、日本の座ぶとんのように、つかわないときに片づけたり、ほかの部屋にひんぱんに移動させるというつかい方をしません。そのため、比較的大きく重くなり、装飾がたくさんついたものもあります。

ヨーロッパ製のソファ。ひじかけや背もたれの部分には細かい細工がほどこされ、ごうかで重厚なつくりになっている。

再発見!のポイント　寒さにそなえる

体をあたためる道具

日本の伝統的な家は、夏向きのつくりのため冬の寒さはふせぎにくくなっています。そのため、日本では部屋全体ではなく、一人ひとりをあたためる暖房器具が発達しました。

夏向きの家での冬のくふう

伝統的な日本の家は、暑い夏を快適にすごすために、風通しのいいつくりになっています（→20ページ）。そのため、寒い冬には、部屋全体をあたためようとしても、熱がにげてしまい、効率よくあたためることができません。このことから日本では部屋全体ではなく、人のまわりだけをあたためる暖房器具が発達してきました。木や陶器などでできた火鉢はその代表です。

昔は、農家の多くには「囲炉裏」（→29ページ）がありました。囲炉裏は床を四角く切ってつくった炉で、家族で、そのまわりに集まって、あたたまったり、食事をしたりしました。現在の家では囲炉裏が変化してできた「こたつ」がつかわれています。

もともとこたつは、囲炉裏の上に木材を組んでふとんをかけ、床より低く掘られたところに火を入れて足下をあたためる掘りごたつとよばれるものがはじまりでした。今でも、こたつは、あたたかいだけでなく一家団らんの場所として、日本の冬に欠かせないものになっています。

こたつの歴史

囲炉裏
床を四角く切って中に灰をしきつめ、その中にまきや炭を入れて燃やす炉。なべなどをかけて調理をするためにもつかわれた。

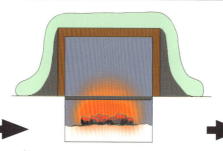

掘りごたつ
囲炉裏の上に木材を組んでふとんをかけたもの。すわって足下をあたためることができる。

置きごたつ
台の下に熱源を取りつけることで、中で足をのばして快適にすごすことができるようになった。

持ち運びができる火鉢

江戸時代には、木や金属、陶器などの容器の中に灰を入れ、火がついた炭を埋めて手や足などをあたためる「火鉢」が一般の人びとの間でつかわれるようになった。火鉢は、家のなかで持ち運びができる便利な暖房器具として広く利用された。

火鉢

火ばし — 炭をあつかうためのはし。

五徳 — 上にやかんなどを置くための台。

木灰 — 炭を置くための灰。

あたたかく眠るくふう

　昔のふとんは今ほどあたたかくなかったため、眠るときにもさまざまな暖房器具が用いられました。そのひとつが湯たんぽです。

　湯たんぽは、ふたがついた容器で、なかにお湯を入れ、やけどをしないように布などをまいてふとんに入れます。朝にはぬるくなっていますが、そのぬるま湯を顔を洗うときにつかいました。よく知られているのは金属製のものですが、明治時代まではおもに陶器製のものがつかわれていました。

　また、陶器のおおいのなかに炭火を入れた「あんか」も、湯たんぽと同じようにふとんに入れてつかいました。大正時代になると、電気であたためる電気あんかもつかわれるようになり、現在も広く利用されています。

くらべてみよう！ 部屋をあたためる暖炉

　西洋の伝統的な暖房器具の代表は、暖炉です。部屋に大きな暖炉があり、そこにたきぎや炭を入れて火を燃やし、部屋全体をあたためます。燃えたときのけむりは、煙突を通して外に出るしくみになっています。

　西洋の家はすき間が少なく、外からの冷たい空気が入りこむことや、暖炉によってあたためられた空気が屋外に出ていってしまうことが少ないため、火の近くだけでなく、部屋全体をあたたかくすることができるのです。

金属製の湯たんぽ。熱いお湯を入れてつかう。

陶器製のあんか。中に火のついた炭を入れる。

西洋の家にある暖炉。火が勢いよく燃えていて、部屋の空気をあたためる。

再発見！のポイント　収納家具

ものをしまう家具

日本の家具には、ひきだしが多くつかわれます。ひきだしをいくつも重ねたたんすがその代表です。ここにも、限られた空間を有効に利用する知恵があるのです。

衣類の保管に適した木のたんす

　服などの衣類は、たんすとよばれるひきだしのついた家具にしまうのが一般的です。日本の伝統的な服は平面的につくられていて、きれいに折りたためるため、「たたんで、しまう」収納方法が発達しました。また、木でできたたんすは湿気を吸収し、衣類にカビが生えるのをふせぐはたらきもあります。とくに桐という木でできたたんすは、外部の水分をなかに通しにくく、見た目も美しいため、高級品として知られています。

　西洋の文化が入ってきて、人びとが洋服を着るようになると、「洋だんす」とよばれる、服を「かけて、しまう」ための部分を加えたたんすも広くつかわれるようになりました。

引き手
錠前
ひきだし

たんすの修理

古くなって汚れたり、金具が壊れたりしたたんすは、専門の職人の手で修理する。汚れた部分をかんなで削り、壊れた部分を補修することで、たんすはまるで新品のように生き返る。しっかりとつくられたたんすは、修理しつづけることで長くつかうことができる。

修理のようす。かんなで表面を削り、きれいにしている。

衣類を守るしょうのう

　しょうのうは、クスノキの葉や枝を蒸して得られる白っぽい物質です。日本では、虫やネズミなどから衣類を守る防虫剤として古くから用いられました。現代でも、着物の防虫のためなどにつかわれることがあります。

しょうのう。ツンとした独特の香りがする。

食器を収納する茶だんす

茶だんすとは、食べものや食器を入れておくたんすのことです。もともとは茶道のための道具を入れておく場所でしたが、江戸時代になると食器を入れておく戸棚としてつかわれるようになりました。ふつうのたんすとちがって、ひきだしだけでなく棚や引き戸がついているのが特徴です。

明治時代になって都市でくらす人が増えると、居間が食事や団らんにつかわれるようになり、生活の中心となりました。すると、茶だんすはいろいろな生活道具を入れておける便利な収納家具として、台所だけでなく居間にも置かれるようになり、人びとに広まりました。

茶だんすは、実用性を第一に考えた「つかうため」の家具です。そのため、シンプルで質素なデザインのものがほとんどです。

食器などを入れるのにつかう茶だんす。

おしゃれのための鏡台

鏡台は、何段かのひきだしの上に鏡がすえられた家具で、女性が化粧をするときなどにつかわれるものです。ひきだしの中には、化粧品などを入れてつかいます。

ひきだしの下に脚が取りつけられたものもあり、そうした鏡台の場合は、いすにすわって化粧します。

今では、洋風の生活様式の広まりによって洗面台が普及し、そこで化粧をするようになったことなどにより、鏡台はあまり見られなくなりました。しかし、かつては嫁入り道具としてかならず用意される大切な道具でした。

3段のひきだしがついた鏡台。

くらべるヒント！ 西洋では、つくりつけのクローゼット（→37ページ）などにハンガーでかけて、洋服をしまう。

再発見！くらしのなかの伝統文化
③ 住まいと日本人　さくいん

あ

- 上がりがまち……32
- 足固め……14
- 雨戸……18
- 雨樋……18
- 雨端……28
- あんか……51
- 池……26
- 生け垣……9,27
- 石垣……28
- 石組み……26
- 石づくり……12
- 石灯籠……27
- 板戸……22
- 板の間……34
- 板ぶき……19
- 居間……31,45,48,53
- 入母屋……19
- 囲炉裏……29,50
- 植え木……26
- ウォークインクローゼット……37,45
- 打ち直し……46
- 江戸間……34
- 縁側……8,24,30
- 縁の下の力持ち……24
- 置きごたつ……50
- 押入れ……31,36,44
- 落し掛け……41
- 母屋……29

か

- 柿渋……35
- 垣根……20,27
- 家具……44
- かけぶとん……46
- 火事……16
- 合掌造……29
- 壁……8,11,15
- 蚊帳……47
- かやぶき……19,29
- 瓦……9,16,18
- 瓦屋根……9,18
- 気候……8,12,28
- 鏡台……53
- 京間……34
- 切妻……19
- くつ石……32
- くれ縁……25,35
- クローゼット……37,45
- 桁……14
- 玄関……31,32
- 構造……10,14,17
- 五重塔……17
- こたつ……50

さ

- 座いす……49
- 座敷……30,40
- 里山……10
- 座ぶとん……44,49
- 地板……41
- 敷石……27
- 式台……33
- 敷地……26
- しきぶとん……47
- 仕切り……8,21,38
- 仕口……15,17
- 地震……14,16
- しっくい……11,16,28
- しっくい壁……11
- 地袋……40
- 地窓……21
- 収納……36,52
- 障子……9,21,23,31,39
- しょうのう……52
- 寝室……45,46
- 心柱……17
- すじかい……14
- すだれ……20
- す戸……23
- 石灰……28
- 石灰石……11
- 膳……48
- 素材……10,12
- ソファ……35,45,49

た

- 大黒柱……15
- 台所……31,35
- 台風……28
- 高窓……21
- 高床……21
- 畳……31,32,34
- 畳表……34

畳床（たたみどこ）	34
畳縁（たたみべり）	34
建具（たてぐ）	22
建具替え（たてぐがえ）	22
棚（たな）	40
垂木（たるき）	14
たんす	52
団らん（だん）	48
暖炉（だんろ）	45,51
違棚（ちがいだな）	40
茶だんす（ちゃ）	53
茶の間（ちゃのま）	48
ちゃぶ台（だい）	44,48
調湿効果（ちょうしつこうか）	10
手水鉢（ちょうずばち）	27
継ぎ手（つぎて）	15,17
付書院（つけしょいん）	40
土壁（つちかべ）	11
坪庭（つぼにわ）	23
テーブル	35,45,48
天袋（てんぶくろ）	36,40
トイレ	30,43
東京スカイツリー（とうきょう）	17
藤むしろ（とう）	23
床板（とこいた）	41
床がまち（とこ）	41
床の間（とこのま）	30,40
床柱（とこばしら）	40
床脇（とこわき）	40
飛び石（とびいし）	26
扉（とびら）	22,33,38
土間（どま）	33

な

長持（ながもち）	37
納戸（なんど）	37
入浴（にゅうよく）	42
庭（にわ）	9,26
貫（ぬき）	14
ぬれ縁（えん）	24
軒（のき）	21

は

柱（はしら）	9,10,14
はり	10,14
ひきだし	52
引き戸（ひきど）	21,23,38
ひさし	18
火鉢（ひばち）	50
日干しれんが（ひぼ）	13
日除地（ひよけち）	16
開き戸（ひらきど）	33,38
広小路（ひろこうじ）	16
ヒンプン	28
風土（ふうど）	8,12,28
袋棚（ふくろだな）	40
ふすま	21,23,31,38
ふとん	36,44,46
舟屋（ふなや）	29
プライバシー	28,39
風呂（ふろ）	30,42
フローリング	35
ベッド	35,45,46
防風林（ぼうふうりん）	28
骨組み（ほねぐみ）	9,11,14
掘りごたつ（ほ）	50

ま

間仕切り（まじき）	38
町屋（まちや）	22
窓（まど）	9,20,22,28
間取り（まどり）	30
見立て（みたて）	26
木材（もくざい）	10,14
門（もん）	27

や

屋根（やね）	9,18,28
屋根裏（やねうら）	29
床（ゆか）	32,34,47
床下（ゆかした）	21
湯たんぽ（ゆ）	51
洋式トイレ（ようしき）	43
洋室（ようしつ）	35
洋だんす（よう）	37,52
よしず	20,22
よし戸（ど）	23
寄植え（よせうえ）	26
寄棟（よせむね）	19

ら

欄間（らんま）	41
れんが	15,16
ろうか	30,35,39

わ

和式トイレ（わしき）	43
和室（わしつ）	34,46,48

再発見！くらしのなかの伝統文化 ③
住まいと日本人

監修：市川寛明（いちかわ　ひろあき）

1964年、愛知県生まれ。東京都江戸東京博物館 学芸員。一橋大学大学院社会学研究科博士課程修了（社会学博士）。「花開く江戸の園芸」、「江戸の学び」、「大江戸八百八町」、「参勤交代」、「新選組!」、「龍馬伝」、「徳川将軍家」などの展覧会をてがける。
編著：『図説 江戸の学び』（河出書房新社）、『一目でわかる江戸時代』（小学館）。

編集・制作：株式会社 童夢
本文デザイン・装丁：有限会社 チャダル
編集協力：山内ススム
イラスト：永田勝也
校正協力：小石史子

写真提供・協力：株式会社 三和建設、株式会社 蔵 桐工房、川崎市立 日本民家園、京町家作事組、国立国会図書館デジタルコレクション、サイアスホーム株式会社、菅波ふとん店、杉屋株式会社、ちくちっく、千葉県立中央博物館 大利根分館、千葉県立房総のむら、有限会社 菊屋

発行 2015年4月　第1刷 ©
　　 2023年10月　第4刷

発行者　千葉 均
編　集　浦野由美子
発行所　株式会社ポプラ社 〒102-8519　東京都千代田区麹町4-2-6 8・9F
ホームページ　www.poplar.co.jp
印刷・製本 図書印刷株式会社
N.D.C. 527/55P/29×22cm　ISBN978-4-591-14318-6　Printed in Japan

落丁・乱丁本はお取り替えいたします。
電話（0120-666-553）または、ホームページ（www.poplar.co.jp）のお問い合わせ一覧よりご連絡ください。
※電話の受付時間は、月〜金曜日10時〜17時です（祝日・休日は除く）。
読者の皆さまからのお便りをお待ちしております。いただいたお便りは監修・執筆者へお渡しします。
本書のコピー、スキャン、デジタル化等の無断複製は著作権法上での例外を除き禁じられています。本書を代行業者等の第三者に依頼してスキャンやデジタル化することは、たとえ個人や家庭内での利用であっても著作権法上認められておりません。
P7156003

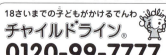

再発見！くらしのなかの伝統文化 全7巻

監修：市川寛明

- 日本に今も残る伝統文化を再発見し、その魅力を知ることができるよう、さまざまな視点からくらしのなかのものごとを紹介しています。
- 豊富な写真やイラストで、伝統文化を目で見てわかるように解説しています。
- 再発見！のポイントや、くらべてみよう！のコラムによって、日本の伝統文化を西洋文化などと比較してより深く学べるようにしています。

◆小学校中学年〜　◆A4変型判　各55ページ

1	衣服と日本人	N.D.C.383
2	食事と日本人	N.D.C.383
3	住まいと日本人	N.D.C.527
4	町なみと日本人	N.D.C.361
5	行事と日本人	N.D.C.380
6	遊びと日本人	N.D.C.384
7	芸能と日本人	N.D.C.770

◆セットN.D.C.380　◆図書館用特別堅牢製本図書